Redaktion und Layout: Daniela Layer

Postfach 10 03 25, 73703 Esslingen
www.esslinger-verlag.de

ISBN 978-3-480-22367-1

Herbstzauber

... Geschichten, Gedichte und Rezepte

esslinger
präsent

Septembermorgen

Im Nebel ruhet noch die Welt,
noch träumen Wald und Wiesen:
Bald siehst du, wenn der Schleier fällt,
den blauen Himmel unverstellt,
herbstkräftig die gedämpfte Welt
in warmem Golde fließen.

Eduard Mörike (1804–1875)

ICH WERDE NIE ZUM FRÜHLING SAGEN: VERZEIHEN SIE, SIE HABEN DORT EIN WELKES BLATT! ODER ZUM HERBST: NEHMEN SIE ES JA NICHT ÜBEL, ABER DIESER APFEL IST NUR ZUR HÄLFTE ROT.

Friedrich Hebbel (1813–1863)

Verführerischer Bratapfel

- Zuerst wäscht man die Äpfel, entfernt die Kerngehäuse mit einem Ausstecher und beträufelt die Äpfel innen mit Zitronensaft.
- Ins Innere der Äpfel je ein wenig Butter geben. Mandeln, Rosinen, Zucker, 3 EL Apfelgelee, 2 EL Honig, Zimt und etwas abgeriebene Zitronenschale zu einer Masse verkneten und in die Äpfel füllen.
- Dann werden die Äpfel mit einer Messerspitze Butter bedeckt und in eine feuerfeste Form mit Weißwein gegeben. Vor dem Backen bestreicht man die Äpfel mit etwas Honig.
- Nach einer halben Stunde bei 170 °C im Backofen sind die Bratäpfel servierbereit.

ZUTATEN:

4 große Boskoop-Äpfel
80 g Butter
100 g gehackte Mandeln
100 g Rosinen
100 g Zucker

1 Glas Apfelgelee
Honig
1 EL Zimt
1 unbehandelte Zitrone
400 ml Weißwein

Die fünfte Jahreszeit

„Kurz und knapp, Herr Hauser! Hier sind unsere vier Jahreszeiten. Bitte: Welche –?" – Keine. Die fünfte. – „Es gibt keine fünfte."
Es gibt eine fünfte. – Hör zu: Wenn der Sommer vorbei ist und die Ernte in die Scheuern gebracht ist, wenn sich die Natur niederlegt, wie ein ganz altes Pferd, das sich im Stall hinlegt, so müde ist es – wenn der späte Nachsommer im Verklingen ist und der frühe Herbst noch nicht angefangen hat –: dann ist die fünfte Jahreszeit.
Nun ruht es. Die Natur hält den Atem an; an andern Tagen atmet sie unmerklich aus leise wogender Brust. Nun ist alles vorüber: geboren ist, gereift ist,

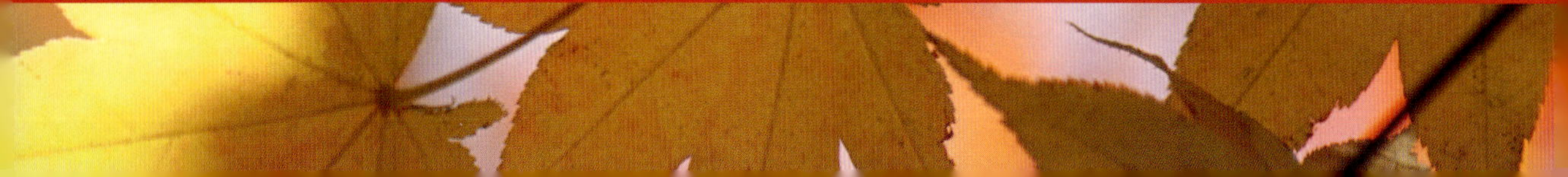

gewachsen ist, gelaicht ist, geerntet ist – nun ist es vorüber. Nun sind da noch die Blätter und die Gräser und die Sträucher, aber im Augenblick dient das zu gar nichts; wenn überhaupt in der Natur ein Zweck verborgen ist: Im Augenblick steht das Räderwerk still. Es ruht.

Mücken spielen im schwarz-goldenen Licht, im Licht sind wirklich schwarze Töne, tiefes Altgold liegt unter den Buchen, Pflaumenblau auf den Höhen … kein Blatt bewegt sich, es ist ganz still. Blank sind die Farben, der See liegt wie gemalt, es ist ganz still. Boot, das flussab gleitet, Aufgespartes wird dahingegeben – es ruht. So vier, so acht Tage – und dann geht etwas vor.

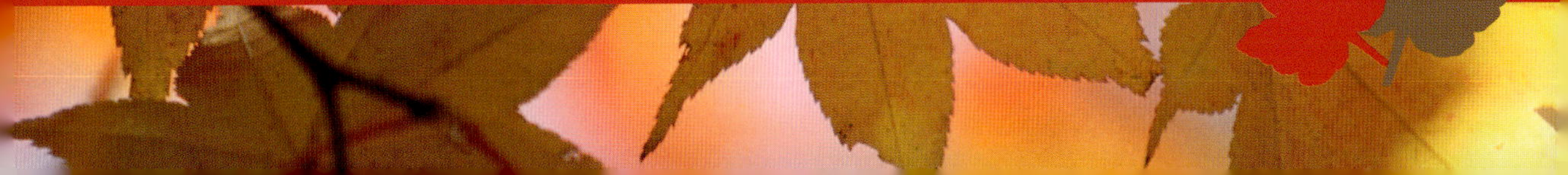

Eines Morgens riechst du den Herbst. Es ist noch nicht kalt; es ist nicht windig; es hat sich eigentlich gar nichts geändert – und doch alles. Es geht wie ein Knack durch die Luft – es ist etwas geschehen; so lange hat sich der Kubus noch gehalten, er hat geschwankt …, na … na …, und nun ist er auf die andere Seite gefallen. Noch ist alles wie gestern: Die Blätter, die Bäume, die Sträucher … aber nun ist alles anders. Das Licht ist hell, Spinnenfäden schwimmen durch die Luft, alles hat sich einen Ruck gegeben, dahin der Zauber, der Bann ist gebrochen – nun geht es in einen klaren Herbst. Wie viele hast du? Dies ist einer

davon. Das Wunder hat vielleicht vier Tage gedauert oder fünf, und du hast gewünscht, es solle nie, nie aufhören. Es ist die Zeit, in der ältere Herren sehr sentimental werden – es ist nicht der Johannistrieb, es ist etwas andres. Es ist: optimistische Todesahnung, eine fröhliche Erkenntnis des Endes. Spätsommer, Frühherbst und das, was zwischen ihnen beiden liegt. Eine ganz kurze Spanne Zeit im Jahre.

Es ist die fünfte und schönste Jahreszeit.

Kurt Tucholsky (1890–1935)

HERR VON RIBBECK AUF RIBBECK IM HAVELLAND,
EIN BIRNBAUM IN SEINEM GARTEN STAND,
UND KAM DIE GOLDENE HERBSTESZEIT
UND DIE BIRNEN LEUCHTETEN WEIT UND BREIT,
DA STOPFTE, WENN'S MITTAG VOM TURME SCHOLL
DER VON RIBBECK SICH BEIDE TASCHEN VOLL,
UND KAM IN PANTINEN EIN JUNGE DAHER,
SO RIEF ER: „JUNGE, WISTE 'NE BEER?"
UND KAM EIN MÄDEL, SO RIEF ER: „LÜTT DIRN,
KUMM MAN RÖWER, ICK HEBB 'NE BIRN."

Aus: „Herr von Ribbeck auf Ribbeck im Havelland"
von Theodor Fontane (1819–1898)

Herbstspaziergang

Was gibt es Schöneres als einen ausgedehnten Spaziergang durch die herbstliche Landschaft! Das goldene Licht, das durch die gefärbten Bäume fällt. Das Laub, das unter den Füßen raschelt. Der Duft von Erde. Die unverwechselbare Herbstluft. Der Wind, der die Drachen steigen lässt. Die Farbenpracht. Der Herbst verführt, in die Natur einzutauchen und sich von seinen Verwandlungen

verzaubern zu lassen. Der Herbst lädt ein zum Sammeln: Kastanien, Nüsse und Blätter in allen Farben und Formen. Der Herbst ist die Zeit der Erinnerungen und des Loslassens, in der man sich von Altem trennen und sich auf neue Dinge freuen kann. Lassen Sie einfach die schweren Gedanken vom Herbstwind davontragen!

ZUTATEN

500 g geschälte, vorgegarte Kastanien (Maronen),
3 EL Butter, 3 EL Zucker, 100 ml Rotwein,
125 ml Sahne

Glasierte Maronen

- Die Butter wird mit dem Zucker in einer Pfanne langsam erhitzt, bis sie leicht bräunlich ist.
- Nun werden die bereits vorgegarten Kastanien darin gleichmäßig gewendet.
- Anschließend kommt der Rotwein an die Reihe: Die Kastanienmasse mit etwas Wein ablöschen und mit Sahne auffüllen.
- Das Ganze muss ca. 10–15 Minuten köcheln. Jetzt fehlen nur noch Pfeffer und Salz – fertig!
- Die glasierten Maronen schmecken sehr gut zu Semmelknödeln. Und zum Essen genießt man am besten den restlichen Wein!

ICH ZIEHE DESHALB DEN HERBST DEM FRÜHJAHR VOR, WEIL DAS AUGE IM HERBST DEN HIMMEL, IM FRÜHJAHR ABER DIE ERDE SUCHT.

Søren Kierkegaard (1813–1855)

„JA, LIEBSTE, DA KANN ICH SIE NU NICH BEDAUERN, DA HAB ICH KEIN MITLEID; DAS EINGEMACHTE *DARF* EINEM NICHT AUSGEHN, UN WENN DER RHABARBER U. DIE GRÜNEN STACHELBEERN AUCH NOCH SO SPÄT KOMMEN. WENN ICH MERKE, DASS ES BEINAH ALLE IST, SO KOMM ICH MIT BACKOBST ODER BACKPFLAUME …“

Theodor Fontane (1819–1898)

Pflaumenmus mit Rum

- Die Pflaumen gut waschen und nach dem Entsteinen ohne Zugabe von Wasser kurz bei geringer Hitze kochen. Anschließend füllt man die Früchte in einen ofenfesten Topf, gibt die Gewürze hinzu und rührt etwa ein Drittel des Zuckers ein.

- Die Masse stellt man für etwa 20 Minuten ohne Umrühren bei 150 °C in den Backofen (bei leicht geöffneter Backofentür). Nun das zweite Drittel des Zuckers hinzugeben und nochmal ca. 20 Minuten in den Ofen stellen, dann die restliche Menge des Zuckers unterrühren.

- Nach erneuten 20 Minuten im Backofen sollte das Mus probiert werden. Nach Belieben nochmals mit etwas Zucker abschmecken. Dann Zimtstange und Pimentkorn entfernen und das Mus erneut für eine kurze Zeit in den Ofen stellen.

- Das fertig gegarte Mus wird in heiß ausgespülte Gläser gefüllt. Zum Verfeinern kann ein Schuss Rum hinzugegeben werden. Dann die Gefäße fest verschließen.

ZUTATEN (für 4 Portionen): 1 kg Pflaumen, 200 g Zucker, 1 Stange Zimt, 1 Pimentkorn, ein wenig Rum

ES GIBT EINE STILLE DES HERBSTES
BIS IN DIE FARBEN HINEIN.

Hugo von Hofmannsthal (1874–1929)

Herbstrot

Der Herbst kleidet sich mit Vorliebe in leuchtende Rottöne. Wohin das Auge schaut, sieht es rotwangige Äpfel und Birnen, die dunkelroten Blätter des wilden Weins, die zinnoberroten Früchte der Hagebutte oder das Orange-Rot der Lampionblumen. Manche Rottöne haben ihren Namen von Pflanzen oder Blumen, die sie kleiden, wie Kirschrot oder Rosenrot. Die Farbe Rot hat eine besondere Anziehungskraft und Intensität. Sie erhielt in den meisten Sprachen schon sehr früh ein eigenes Wort. Rot steht für Wärme, Feuer, Liebe und Impulsivität. In China verbindet man Rot mit Glück und Freude und verwendet es daher für festliche Anlässe. Mit Rot kann man allem, was kühl oder statisch ist, entgegenwirken. Die Farbe eignet sich hervorragend gegen trübe Herbststimmung. Gehen Sie doch einfach einmal auf Farbensuche und nehmen Sie sich ein bisschen Rot mit nach Hause!

DER HERBST IST DER FRÜHLING DES WINTERS.

Henri de Toulouse-Lautrec (1864–1901)

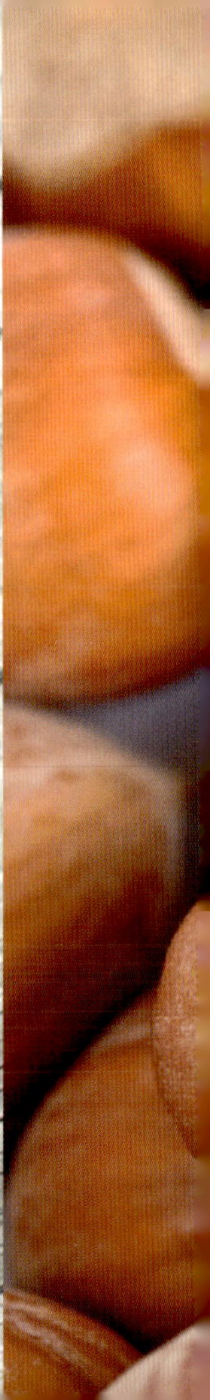

Haselnuss-Baiser

ZUTATEN (für 25 Stück)

2 Eiweiß
1 TL Zitronensaft
175 g Zucker
1 Pck. Vanillezucker
1 EL Instant-Kaffeepulver
100 g gemahlene Haselnüsse
25 ganze Haselnüsse

- Das Eiweiß wird mit dem Zitronensaft steif geschlagen, dann lässt man Zucker und Vanillezucker langsam einrieseln.
- Nun wird das Kaffeepulver gesiebt und zusammen mit den gemahlenen Haselnüssen untergehoben.
- Die Eischneemasse verteilt man in kleinen Häufchen auf ein mit Backpapier ausgelegtes Blech. Zur Verzierung setzt man auf jedes Plätzchen eine ganze Haselnuss.
- Nun muss das Nuss-Baiser bei 100 °C im Backofen etwa 1 ½ Stunden trocknen.

AUCH DIE EINSAMKEIT IST MANCHMAL ETWAS SCHÖNES –
AH, DER HERBSTABEND!

Yosa Buson, japanischer Dichter (1716–1784)

Badezauber

Wenn es draußen ungemütlich und kalt wird, beginnt drinnen die Zeit der Düfte. Typisch für den Herbst sind Düfte, die Geborgenheit und Wärme vermitteln, wie Orange, Zimt oder Rosenholz. Das Aroma von Bergamotte oder Rose hellt die Laune auf.

Eine Schale mit Wasser auf der Heizung mit je 1–2 Tropfen der Essenzen Zimt, Orange und Bergamotte sorgt für eine wohlig-herbstliche Stimmung.

Verwöhnen Sie sich mit einem Entspannungsbad in der Badewanne. Zur Pflege Ihrer Haut geben Sie drei Tassen Milch und eine halbe Tasse Olivenöl in das Badewasser. Ein paar Kerzen, schöne Musik und der passende Duft verwandeln Ihr Bad in eine Oase der Gemütlichkeit.

Herbsttag

Herr: es ist Zeit. Der Sommer war sehr groß.
Leg deinen Schatten auf die Sonnenuhren,
und auf den Fluren lass die Winde los.

Befiehl den letzten Früchten voll zu sein;
gib ihnen noch zwei südlichere Tage,
dränge sie zur Vollendung hin und jage
die letzte Süße in den schweren Wein.

Wer jetzt kein Haus hat, baut sich keines mehr.
Wer jetzt allein ist, wird es lange bleiben,
wird wachen, lesen, lange Briefe schreiben
und wird in den Alleen hin und her
unruhig wandern, wenn die Blätter treiben.

Rainer Maria Rilke (1875–1926)

Nicht immer zeigt sich das Herbstwetter von seiner schönsten Seite. Manchmal sind die Tage so grau, dass man sich mit Vorliebe nach drinnen verkriecht. Doch mit einer Wolldecke und einem guten Buch bewappnet und einer leckeren Tasse heiße Schokolade vor sich, sieht die Welt gleich ganz anders aus. Nun heißt es lesen und sich in Phantasiewelten entführen lassen!

Heiße Chili-Schokolade

- Zur Vorbereitung wird die Schokolade klein geraspelt.
- Nun die Milch zusammen mit der Vanilleschote aufkochen und etwa 15 Minuten ziehen lassen. Die Vanilleschote herausnehmen, der Länge nach aufschneiden und das Mark entnehmen.
- Die Schokolade zusammen mit dem Vanillemark und dem Zimt in etwa ¼ Liter heißem Wasser verrühren. Die Masse anschließend unter die heiße Milch rühren, bis die Schokolade vollständig geschmolzen ist.
- Zum Abschluss eine Messerspitze Chilipulver, Honig und eine Prise Salz einrühren!

ZUTATEN (für 4 Tassen): 300 g Zartbitterschokolade, 750 ml Milch, 1 Vanilleschote, 1 TL Zimt, 1 Msp. Chilipulver, 3 EL Honig, eine Prise Salz

November

Rund um den Martinstag ranken sich verschiedene Bräuche. Nach christlicher Tradition wird am 11. November das Martinsfest gefeiert. Dieser Brauch geht auf Martin von Tours zurück, den Schutzheiligen der Armen, der Reiter und Soldaten. Früher begann an diesem Tag das 40-tägige Weihnachtsfasten, an das heute noch der Karnevalsbeginn erinnert. Martini heißt auch das Ende des bäuerlichen Jahres und der Anbruch des Winterhalbjahres. In dieser Zeit

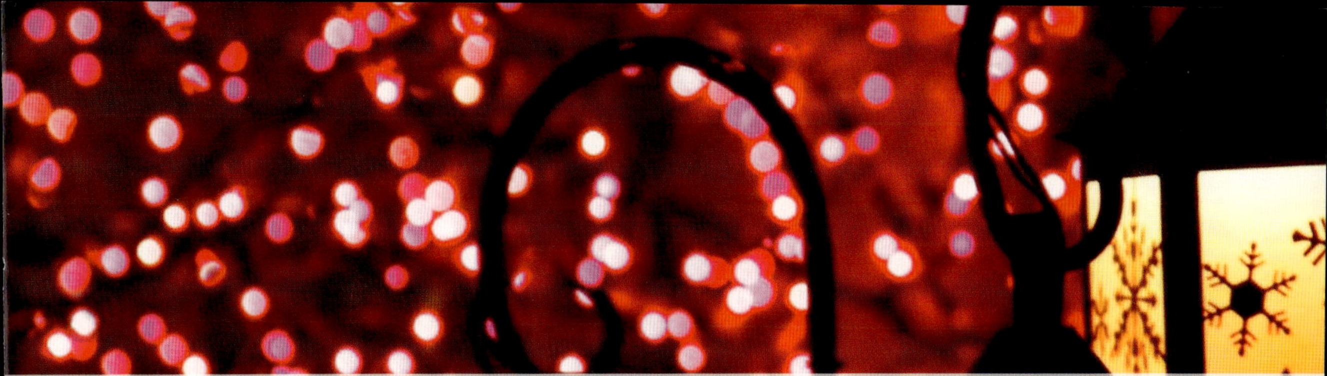

war der Pachtzins zu zahlen. Für die Landarbeiter und Dienstboten bedeutete dies das Ende des Sommerdienstes. Sie wechselten ihre Anstellung.
Die Feierlichkeiten am Martinstag gehen meist einher mit traditionellen Liedern und Laternenumzügen am Abend. Dieser nächtliche Spaziergang mit Kerzenlicht, Lampions und Gesang ist neben seiner christlichen Bedeutung eine schöne Einstimmung auf die raue, aber stimmungsvolle Herbstzeit.

ZUTATEN (für 4 Portionen)

2 EL Currypulver
2 EL Butter
1 kg gewürfelter Hokkaido-Kürbis
¾ l Wasser oder Gemüsebrühe
3 gepresste Orangen
200 g saure Sahne
1 TL Salz, 1 TL Pfeffer
geröstete Kürbiskerne
Crème fraîche
Basilikumblätter

Kürbissuppe mit Curry

- Das Currypulver wird in der zerlassenen Butter geröstet. Anschließend die Kürbiswürfel hinzugeben, kurz anbraten und mit Gemüsebrühe ablöschen. Nun muss alles eine halbe Stunde zugedeckt köcheln.
- Dann zerkleinert man die Masse mit dem Pürierstab und gibt den Orangensaft und die saure Sahne hinzu. Dabei sollte man darauf achten, dass die Suppe nicht erneut aufkocht. Mit Salz und Pfeffer abschmecken.
- Vor dem Servieren garniert man die Suppe mit ein paar gerösteten Kürbiskernen, einem Häubchen Crème fraîche und Basilikumblättern!

Guten Appetit!

Es war nun Spätherbst, alle Zugvögel hatten uns verlassen, nur dürre Blätter flogen am Boden vor den Novemberwinden und hoch oben graue Wolken, deren stürmisches Ziehen tagelang kein Ende nahm. Eine verspätete Biene, ein erstarrter Käfer, das waren die Lebensspuren draußen. Umso lebendiger regte es sich in meinem Innern. Wind und Wetter störten mich nicht in meinen wandernden Gedanken, stauten sie nur zu größerer Tiefe auf. Wenn es regnete „was vom Himmel herunterkann“, wenn es „mit Bütten schüttete“, wenn der Witzbold fragte: „Ist denn Quatember, dass der liebe Herrgott all seine Stockfische wässert?“, wenn die Bäche rechts und links vom Hause anschwollen und sich schlammig gelb färbten, wenn auf die Brücke die Bächlein von der Straße hin und über ihre niedre Mauer weg die Bäche in den Bach stürzten, wenn

sich keine Katze, geschweige denn ein Mensch, ins Freie wagte, und der böseste Hofhund sein Haus nicht mehr verließ, mochte um ihn passieren, was da wollte, kurz, wenn eine neue Sündflut einzubrechen drohte, da fühlten wir uns zwar abgeschnitten von der Welt, da wurden wir zu Insulanern, die ihre wasserumflutete *Insula fortunata* in diesem Augenblick um kein Königreich der Welt vertauschen mochten. Da fing zwar das Leben in und um uns an zu ebben, aber durch den dünnen Schleier der Wirklichkeit, die nur allein noch blieb, schimmerte es jetzt wie von einer andern Welt, die bisher übersehen, überhört worden war. Es ist so still, die Stürme haben uns verlassen, die Wolken sind fortgezogen, man hört die Zeit verrinnen, die Sterne singend ihre Bahn ziehn.

Aus: „Abgeschnitten von der Weltt" von Friedrich Ratzel (1844–1904)

Novembertag

Nebel hängt wie Rauch ums Haus,
drängt die Welt nach innen;
ohne Not geht niemand aus;
alles fällt in Sinnen.

Leiser wird die Hand, der Mund,
stiller die Gebärde.
Heimlich, wie auf Meeresgrund
träumen Mensch und Erde.

Christian Morgenstern (1871–1914)

BILDNACHWEIS

Titelfoto: © iStock: Hintergrund: Hilary Brodey; unten rechts: Terry J Alcorn; unten links: christine balderas; Rückseite unten: Andrew Masters

S. 4/5: ooyoo; S. 6/7: Anettelinnea; S. 8: Tomas Bercic; S. 8/9: Ljupco Smokovski; S. 10/11: ooyoo; S. 12/13: Hilary Brodey; S. 14: Denis Sauvageau; S. 15: Zhanara Sakhauyeva; S. 16/17: chip phillips; S. 18/19: Paul Maguire; S. 19: amerigo dorbolò; S. 20/21: ooyoo; S. 21: Jelani Memory; S. 22: Monika Adamczyk; S. 23: Siri Groenskar; S. 24/25: ooyoo; S. 26/27: Kati Molin; S. 28/29: Olga Shelego; S. 29: Ronald Flipson; S. 30: Brandon Jennings; S. 30/31: Michal Kolodziejski; S. 32: Don Bayley; S. 33 (oben): ranplett; S. 33 (mitte): Anna Bryukhanova; S. 33 (unten): Chiran; S. 34/35: Dóri O'Connell; S. 36: Nick Schlax; S. 37: Dean Turner; S. 38/39: Aron Hsiao; S. 40/41: nicole waring; S. 41: Malgorzata Korpas; S. 42: Luis Albuquerque; S. 42/43: Dieter Hawlan; S. 44/45: Rebecca Picard.